# FOLKE-
## OG
# SKOLEMUSIK

## HUGO DISTLER
### ES IST EIN ROS ENTSPRUNGEN/
### EN ROSE ER UDSPRUNGEN
Koralpartita af „Weihnachtsgeschichte"
op. 10 for 4-st. blandet kor a capella.

# XV, 4 1965

WILHELM HANSEN, KØBENHAVN

# HUGO DISTLER

## 1908-1942

Den foreliggende koralpartita gengiver de 7 korvariationer over melodien „Es ist ein Ros'
entsprungen", som indeholdes i „Weihnachtsgeschichte" op. 10 fra 1933.

Af Distlers forord til originaludgaven skal citeres de passager, der har relation til kor-
versene: „I det foreliggende værk er princippet om en polyrytmisk noteringsmåde af ord-
betoningerne gennemført konsekvent i alle fire stemmer. Denne noteringsmåde betyder
for koret – såsnart det har vænnet sig til den nye notation – en lettelse for opfattelsen og
for udformningen af den lineære tematik. Den imødekommer meget bevidst oratoriets
kammermusikalske karakter.

De meget nøjagtigt angivne bemærkninger om dynamik og tempo skulle ikke gerne
virke hæmmende, men skulle langt snarere tjene som vejleder til forståelsen af såvel de
enkelte satser som af hele værket. Ved temposkift er altid $\mathbf{\downarrow}_{=}\mathbf{\downarrow}$ medmindre andet er
angivet.

Jeg kan ikke lade være med at pege på en mulighed for fejl og med at advare mod
den: den karakteristiske tonekæde, melisme, på en enkelt vokal ofte over flere takter med-
fører let en omfarvning af vokalen undervejs. En sådan vokalomfarvning fordærver den
musikalske linjeføring.

$>>$ tjener kun til tydeliggørelse af den immanente rytmiske akcent og betyder ikke
på nogen måde sforzato.

Marias lovsang „Meine Seel erhebt Gott" / „Højt ophøjer min sjæl Gud" må hverken
synges for frit eller for rytmisk stift, men skal fremføres med rytmisk orden som angivet,
med recitativisk udtryksfrihed."

Til disse bemærkninger skal føjes:

1) i slutningen af koralverset „Wir bitten dich von Herzen" / „Vi priser dig af hjerte"
lod Distler ved opførelser alle stemmer holde deres sluttoner indtil en fælles af-
slutning,

2) koralverset „Das Blümelein so klein" / „Du skønne roselille" kan efter Distlers for-
slag synges på korsatsen fra 1. koralvers.

Værket er gengivet med tilladelse af Bärenreiter Verlag efter Bärenreiter-Ausgabe 690
Hugo Distler: Die Weihnachtsgeschichte für vierstimmigen Chor a cappella und vier
Vorsänger.

Tilrettelæggelse: Henning Bro Rasmussen.

# ES IST EIN ROS ENTSPRUNGEN
## EN ROSE ER UDSPRUNGET

Koralpartita af „Weihnachtsgeschichte"

Dansk tekst ved HARALD VILSTRUP, 1962

HUGO DISTLER, af opus 10

28536

2

4

28536

zögern
Tempo I
Na - - me hei-lig ist. Sei-ne Barm - her - zig - keit währet im - mer,
frei
f
Na - - me hei-lig ist. Sei-ne Barm - her - zig - keit währet im - mer,
navn er hel - ligt, og hans barm - hjer - tig - hed va-rer ved i
mf
Du, du wol-lest uns ge -
Os, os ly - se lad din
pp
mf
Du wol - lest uns ge -
aus die-sem Jam - mer - tal. os ly - se lad din
Fra den-ne jam - mer - dal Du wol-lest
os ly - se
(c. f)
aus die-sem Jam - mer - tal. Du wol - lest uns ge -
Fra den-ne jam - mer dal os ly - se lad din
aus die - sem Jam-mer - tal. Du wol - lest uns ge -
Fra den - ne jam-mer - dal os ly - se lad din
zögern
für und für bei de-nen, die ihr fürch - - - ten.“
für und für, bei de-nen, die ihr fürch - - - ten.“
e - vig - hed blandt al - le, som ham fryg - - - ter.“
lei - ten bis in der En-gel Saal.
nå - de til eng - les fry-de - sal.
lei - ten bis in der En - gel Saal.
nå - de til eng - les fry - de - sal.
ruhig
p
lei - ten bis in der En - gel Saal.
nå - de til eng - les fry - de - sal.
lei - ten bis in der En-gel Saal.
nå - de til eng - les fry-de - sal.

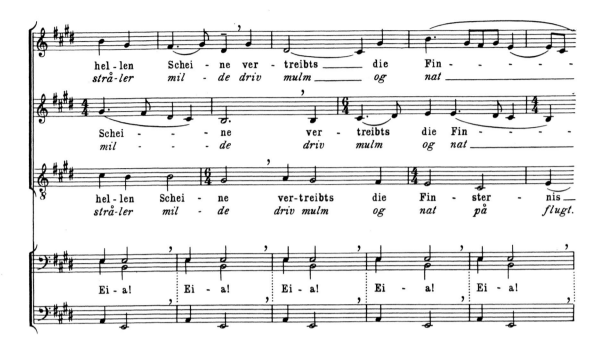

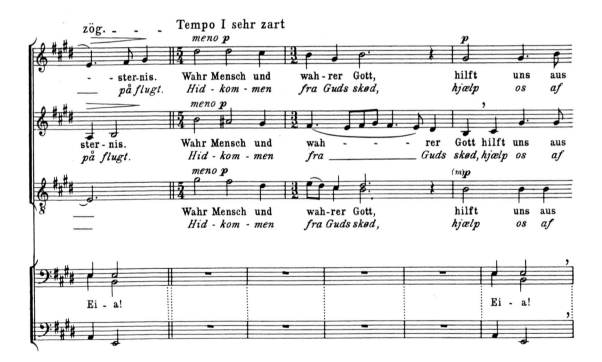

auf die Fahrt; das Kind - lein sie bald fun - den mit
van - dring gav, hid - ledt af eng-le - san - ge til
sich auf die Fahrt; das Kindlein sie bald fun - - den
på van-dring gav, hidledt af eng-le - san - - ge
- - - die Fahrt; das Kind - lein sie bald fun - den mit sei -
- - - dring gav, hid - ledt af eng-le - san - ge til stald
die Fahrt; das Kind - lein sie bald fun - den mit sei-ner
- - - dring gav, hid - ledt af eng-le - san - ge til stald og
den mach - ten sich auf die Fahrt; das Kind - lein sie bald
ge straks sig på van - dring gav, hid - ledt af eng - le -
- - - - den mach - ten sich auf die Fahrt; das Kind - lein sie bald
- - - - ge straks sig på vandring gav, hid - ledt af eng - le -
zu der Stun - den mach - ten sich auf die Fahrt; das Kind - - - -
trindt om van - ge straks sig på vandring gav, hid - ledt
ruhig
den mach - ten sich auf die Fahrt; das Kind - lein sie bald
ge straks sig på van - dring gav, hid - ledt af eng - le -
sei - ner Mut - ter zart. Die En - gel san - - gen
stald og hyt - te lav. Det klang i høj - - e
mit sei - ner Mut - ter zart. Die En - gel san - - gen
til stald og hyt - te lav. Det klang i høj - - e
ner Mut - - - - ter zart. Die En - gel san - gen
og hyt - - - - te lav. Det klang i høj - e
Mut - - - - ter zart. Die En-gel san - - gen
hyt - - - - te lav. Det klang i høj - - e
fun - den mit sei - ner Mut - ter zart. Die
san - ge til stald og hyt - te lav. Det
fun - - - - - - den mit sei - ner Mut - ter zart. Die
san - - - - - - ge til stald og hyt - te lav. Det
- lein sie bald fun - - den mit sei - ner Mut - ter zart. Die
af eng - le - san - - ge til stald og hyt - te lav. Det
fun - den mit sei - ner Mut - ter zart. Die
san - ge til stald og hyt - te lav. Det
p
mf

schon, sie lob-ten Gott den Her - - ren, in
kor: Al æ - re i det høj - - e ham

schon, sie lob-ten Gott den Her - - - ren,
kor: Al æ - re i det høj - - - e

schon, sie lob-ten Gott den Her - ren, in sei -
kor: Al æ - re i det høj - - e ham som

schon, sie lob-ten Gott den Her - ren, in sei-nem
kor: Al æ - re i det høj - - e ham som i

En - gel san - - gen schon, sie lob-ten Gott, den
klang i høj - - e kor: Al æ - re i det

En - gel san - - gen schon, sie lob - ten Gott den
klang i høj - - e kor: Al æ - - re i det

En - gel san - - gen schon, sie lob - - - ten
klang i høj - - e kor: Al æ - - - re

En - gel san - gen schon, sie lob - - ten Gott den
klang i høj - e kor: Al æ - - re i det

**Zögern** - - - - -

sei - nem — höch - sten Thron.
som i — him - len bor.

in sei-nem höch - sten Thron.
ham som i him - len bor.

nem höch - - - sten Thron.
i him - - - len bor.

höch - - - sten Thron.
him - - - len bor.

**Zögern** , piùf - - - - **Breit** (⌢)

Her - ren, in sei - nem höch - sten Thron.
høj - e, ham som i him - len bor.

Her - - - - - ren, in sei - nem höch-sten Thron.
høj - - - - - e, ham som i him - len bor.

Gott, den Her - - ren, in sei-nem höch-sten Thron.
i det høj - - e, ham som i him - len bor.

Her - ren, in sei - nem — höch - sten Thron.
høj - e, ham som i — him - len bor.

28536

12

28536

Zögern _ _ _ _ _   Tempo I

# FOLKE- og SKOLEMUSIK

XV bind, hefte 4, løse blade:

„Folke- og Skolemusik" udgives af en udgiverkreds, for hvilken sanginspektør Rudolf Grytter er formand. Det redaktionelle arbejde udføres ved udgivelsen af 15. bind af et redaktionsudvalg bestående af Carsten E. Hatting, Henning Bro Rasmussen og Søren Sørensen (udvalgets formand). Abonnement kan tegnes bindvis gennem en musik- eller boghandel, og abonnenter modtager hefterne med 15 % rabat. Et bind (eller en årgang) omfatter ca. 60 sider.

# FOLKE- OG SKOLEMUSIK